AF451673

POLYXÈNE

DRAME ANTIQUE

Yf 9502

MF
S 13233

HENRI GRADIS

POLYXÈNE

DRAME ANTIQUE

EN QUATRE ACTES ET EN VERS

PARIS

CALMANN LÉVY, ÉDITEUR

ANCIENNE MAISON MICHEL LÉVY FRÈRES

rue Auber, 3, et boulevard des Italiens, 15

A LA LIBRAIRIE NOUVELLE

1881

BORDEAUX. — IMPR. GÉN. É. CRUGY

16, rue et hôtel St-Siméon, 16.

POLYXÈNE

PERSONNAGES

AGAMEMNON.

PYRRHUS, fils d'ACHILLE.

AGÉSILAS, ami de PYRRHUS.

ULYSSE.

MÉNÉLAS.

Deux messagers.

HÉCUBE.

CASSANDRE.

POLYXÈNE.

ANDROMAQUE.

Chœur de Troyennes.

Gardes et guerriers grecs.

La scène est à Troie, dans le palais de Priam, — dans la salle qui précède le Gynécée.

POLYXÈNE

ACTE PREMIER

LES FUREURS DE CASSANDRE

SCÈNE PREMIÈRE

HÉCUBE, POLYXÈNE, LE CHŒUR

HÉCUBE

Mes filles, suivez-moi dans votre appartement ;
Il faut rentrer. Voici le dangereux moment
Où la nuit, unissant le désordre à la joie,
Va répandre partout la licence dans Troie.
Les festins et les jeux, aux vierges interdits,
L'ivresse des guerriers, leurs propos trop hardis,

Tous ces bruyants excès des libertés naissantes

Ne sont point les plaisirs des âmes innocentes.

Il leur faut un bonheur plus tranquille et plus pur.

Demain, dès que l'aurore éclaircira l'azur

D'un ciel que ce beau soir nous promet sans nuage,

Vous viendrez avec moi parcourir le rivage

Naguère encor couvert d'ennemis menaçants.

Nous irons contempler les flots retentissants;

Du camp des Argiens nous chercherons la trace,

Et nos regards émus reconnaîtront la place

Où succomba la fleur de nos jeunes guerriers.

Nous pleurerons leur sort digne de nos lauriers,

Nous redirons leur gloire, et ces belles années

Par la faux des combats tristement moissonnées;

Car la félicité de ce bienheureux jour

Ne nous dispense point de ces marques d'amour.

Ah! que dis-je, c'est là le seul plaisir qui reste

Aux cœurs qu'a déchirés cette guerre funeste!

Et je ne puis, hélas! étouffant mes douleurs,

Fêter notre salut, sans répandre des pleurs.

Il n'est plus de bonheur pour mon âme flétrie.

LE CHŒUR

Gardez-vous de pleurer ceux qui pour la patrie

Ont noblement bravé la fureur des combats.

La Gloire a couronné leur généreux trépas;

Ils sont morts, mais leur nom vivra dans tous les âges,

Et, défiant du temps les impuissants outrages,

Leur mémoire, vouée à l'immortalité,

Ira de bouche en bouche à la postérité.

Non, ce n'est pas sur eux qu'il faut verser des larmes.

C'est le lâche, mourant sans renom dans les armes,

Qui seul doit exciter de douloureux transports.

Vos fils n'ont-ils pas vu leurs courageux efforts

Rendre enfin à leurs coups la victoire fidèle?

Leur âme, dans le sein d'une paix éternelle,

Du bienheureux séjour savoure les douceurs.

POLYXÈNE

HÉCUBE

Ce n'est point sur mes fils que je répands ces pleurs,

C'est sur moi, sur mon sort et sur ma triste vie.

Je pleure ce bonheur jadis digne d'envie,

Et mes jours consumés dans de sombres ennuis ;

Je pleure ces cheveux par la douleur blanchis

Bien plus que par le temps et les longues années.

Funestes souvenirs ! cruelles destinées !

J'avais dans mon palais un grand nombre de fils,

Mais le sort des combats me les a tous ravis ;

J'ai vu, spectacle affreux pour les yeux d'une mère,

J'ai vu leurs corps sanglants et souillés de poussière,

Tout palpitants encor dans nos murs rapportés ;

Et, tandis qu'à ces coups, surpris, épouvantés,

A de sombres horreurs nous étions tous en proie,

Nous entendions les cris de victoire et de joie,

Qui, célébrant des Grecs les succès éclatants,

Insultaient à nos pleurs, à nos gémissements.

Et, vous voulez qu'après des maux aussi terribles,

Mes esprits au bonheur ne soient pas insensibles ?

Et qu'oubliant l'excès d'une telle douleur,

A la gaîté je puisse abandonner mon cœur ?

Vous voulez que l'éclat d'une stérile gloire

Console mes regrets ? — Oh ! non, de ma mémoire

Tous ces sombres tableaux ne s'effaceront pas !

Pour moi, l'affliction a seule des appas,

Je ne peux l'écarter. — Un jour vous serez mères,

Ah ! puisse la rigueur de ces peines amères,

Mes filles, épargner votre cœur ; puissiez-vous

Ne jamais ressentir ces redoutables coups

Dont une âme sensible est à jamais blessée !

POLYXÈNE

Je comprends vos douleurs, ma mère, et ma pensée

Est empreinte du deuil qui règne en vos discours.

Tous vos maux sont les miens ; à peine de beaux jours

Un petit nombre a vu sourire mon enfance.

Du malheur envers nous la cruelle constance

Nous réserva toujours ses plus tristes rigueurs,

Et c'est dans les regrets, dans les froides terreurs,

Que s'écoula pour moi le temps de l'innocence.

Dès cet âge charmant où tout est confiance,

Je connus la douleur de ne plus espérer,

Et vos pleurs maternels m'apprirent à pleurer.

J'allais jusqu'à sentir que, même dans les larmes,

Un cœur infortuné peut rencontrer des charmes,

Et qu'il finit par fuir la joie et la gaîté,

Comme à l'éclat subit d'une aimable clarté,

Frémit un œil longtemps plongé dans les ténèbres.

Aujourd'hui, cependant, ces sentiments funèbres

Doivent se dissiper au souffle protecteur

Qui chasse loin de nous le fléau destructeur.

Le Grec fuit, Troie est libre, et notre délivrance

Doit remplir tous les cœurs de joie et d'espérance.

O ma mère! écoutez cet espoir bienfaisant;

Offrez à votre fille un visage riant,

Et permettez qu'enfin votre voix maternelle

Cesse de proférer cette plainte cruelle.

Hélas ! si vous saviez tout ce qu'à mes douleurs

L'aspect de vos regrets peut ajouter de pleurs,

Vous ne nourririez point cette longue tristesse.

LE CHŒUR

De votre fille, Hécube, écoutez la tendresse,

Et par trop de soupirs n'offensez pas les dieux;

Leur colère n'est pas immortelle comme eux.

Nous avons satisfait leur fureur vengeresse;

Ils chassent loin d'ici les vaisseaux de la Grèce,

Et déjà devant nous s'offre un autre avenir.

Préférer de nos maux le triste souvenir

A l'espoir bienheureux d'une grandeur nouvelle,

N'est-ce pas insulter à leur gloire éternelle?

HÉCUBE

Ah ! ne supposez pas que sur les vastes flots

J'aie enfin vu des Grecs s'éloigner les vaisseaux,

Sans que le sentiment de ma juste tristesse,

Ne se soit éclairé d'un rayon d'allégresse.

« Troie est libre, disais-je, et voici que la paix

Va de nouveau venir habiter nos palais.

La mort ne plane plus sur toutes nos familles;

Je pourrai sans trembler contempler mes deux filles,

Ces gages précieux, — hélas! de tant d'enfants,

Les seuls que le destin réserve à mes vieux ans!

Et je ne verrai plus peser sur leur jeunesse

L'avenir incertain des jours de la vieillesse. »

Mais les malheurs toujours succèdent aux malheurs,

Et je pressens encor de nouvelles douleurs.

A peine en soupirant pensais-je à l'espérance,

Que des dieux irrités l'implacable vengeance,

D'un surcroît d'infortune accablant ma maison,

De votre sœur Cassandre égarait la raison.

POLYXÈNE

Oh! ne vous hâtez pas, ma mère, de répandre

Ces pleurs prématurés sur le sort de Cassandre.

La nuit a mis un terme à ses sombres excès;

Au fond du sanctuaire elle repose en paix;

A d'obscures terreurs elle n'est plus en proie;

Demain, l'égarement d'une trop vive joie

Dans son sein fera place au calme du bonheur.

HÉCUBE

Un vain pressentiment ne trouble point mon cœur.

Oh! non; tous ces discours, dictés par la tendresse,

Ne sauraient dissiper ma trop juste tristesse.

C'est sur des maux réels, hélas! que je gémis.

LE CHŒUR

Oubliant avec nous les destins ennemis,

Attendez le malheur pour être malheureuse.

N'allez pas, sur la foi d'une crainte trompeuse,

Interrompre les jeux des enfants d'Ilion.

Songez que l'infortune a son illusion,

Ainsi que le bonheur; car les âmes blessées

Inclinent aisément vers les sombres pensées.

Cassandre ne doit pas inspirer de douleur.

Le calme de la nuit a passé dans son cœur,

Et des songes riants dissipent son délire.

A l'aurore, demain, vous la verrez sourire.

HÉCUBE

Je n'ai que trop sujet, mes filles, de pleurer,

Hélas! et c'est en vain que je veux espérer!

Eh! quoi, n'avons-nous pas vu la vierge timide

Soudain nous révéler des transports d'Euménide?

Ne l'avons-nous pas vue, en ce jour de terreur,

Tremblante, furieuse, oubliant la pudeur

Que devaient inspirer l'aspect du sanctuaire

Et les cheveux blanchis de son auguste père,

S'élancer l'œil en feu, jusqu'au pied des autels,

Et, mêlant ses fureurs à nos chants solennels,

Par de funèbres cris troubler le sacrifice?

Le prêtre épouvanté laisse fuir la génisse;

La pâleur se répand sur les fronts consternés;

Et Cassandre, au milieu des guerriers étonnés,

Sans rougir, n'écoutant que sa fougue insensée,

Frappant d'un poing cruel sa poitrine oppressée,

Et roulant dans ses yeux des regards frémissants,

Proférait dans les airs d'étranges hurlements.

Devant tous ces éclats d'une affreuse démence,

Pouvons-nous conserver une ombre d'espérance?

LE CHŒUR

Oh! combien des mortels les esprits incertains

S'égarent aisément au souffle des destins!

Cassandre a vu sa mère en proie à la tristesse

Dans les pleurs devancer la pénible vieillesse;

Elle a vu des guerriers sauvages, menaçants,

Mêlant leurs cris de joie à nos gémissements,

Entourer nos remparts d'un funèbre carnage.

Ses frères sont tombés; une impuissante rage

Nous appelait sans cesse à de nouveaux combats.

Cependant, ces terreurs, ces douloureux trépas

De son cœur résigné n'obtenaient que des larmes;

Elle ne trahissait son effroi, ses alarmes

Que par de longs soupirs, des pleurs silencieux.

Mais, hélas! aujourd'hui que la bonté des dieux

Réalise pour nous les vœux de l'espérance,

Aujourd'hui que partout renaît la confiance,

Et que les cris des Grecs ne nous font plus trembler,

Sa raison, que nos maux ne purent ébranler,

Succombe, qui l'eût dit, aux transports de la joie.

HÉCUBE

O puissant Jupiter, dieu protecteur de Troie,

De la mère d'Hector écartez ces douleurs!

Assez depuis longtemps, assez et trop de pleurs

Ont de Laomédon expié le parjure.

Faut-il tant de malheurs pour effacer l'injure

D'un mortel par l'orgueil follement égaré?

Ah! ne transformez pas en un jour abhorré

Une journée, hélas! si longtemps attendue;

Permettez que Cassandre à la raison rendue,

Oubliant dans nos bras ses pénibles tourments,

Dissipe la terreur de nos pressentiments.

— Mais, pourquoi, trahissant la crainte qui m'oppresse,

Vous faire entendre encor des accents de tristesse?

Pourquoi troubler vos seins du poids de mes soupirs?

Je le sais, la jeunesse adore les plaisirs;

Elle craint de pleurer, la douleur l'importune,

Et son cœur, si sensible aux coups de la fortune,

A bientôt de ses maux oublié les rigueurs.

O mes filles, laissez pénétrer dans vos cœurs

De cet heureux instinct l'aimable confiance.

Livrez-vous aux élans de la douce innocence :

Unissant les accords de vos touchantes voix,

Chantez de nos guerriers les généreux exploits,

Leur immortel trépas et leur gloire éternelle.

Je vous laisse; je vais, en épouse fidèle,

Retrouver mon époux, Priam aimé des dieux.

Demain, dès que l'aurore embellira les cieux,

Nous irons implorer de l'auguste déesse

La prompte guérison de sa jeune prêtresse;

Et, de vos bras alors entourant votre sœur,

Vous ferez dans son sein passer votre bonheur.

(Elle sort.)

SCÈNE II

POLYXÈNE, LE CHŒUR

LE CHŒUR

Bienheureux les mortels dont l'âme pure ignore

  Les sanglantes fureurs de Mars;

Et qui n'entendent point la trompette sonore

Proclamer aux guerriers les funèbres hasards

Des combats détestés par les sœurs et les mères!

— Le laboureur, tranquille au sein de ses foyers,

Sous le poids des moissons fait fléchir ses greniers;

Il habite le toit où vécurent ses pères,

  Et ne voit point de farouches guerriers,

Le regard altéré de sang et de carnage,

Une torche à la main parcourant ses guérets,

Détruire sans pitié, dans leur fureur sauvage,

Les doux présents de la blonde Cérès,

La mère sur son sein contemple avec ivresse

Un fils qui lui sourit, et sourit à son tour,

Sans redouter de voir ravir à son amour

Ce fruit de sa tendresse.

Elle ne craindra pas

Que cette tendre fleur, à la mort destinée,

Loin d'elle, avant le temps, périsse moissonnée

Par la faux des combats.

— Bienheureux les mortels, dont l'âme pure ignore

Les sanglantes fureurs de Mars;

Et qui n'entendent pas la trompette sonore

Proclamer aux guerriers les funèbres hasards.

— Le vieillard, que les ans inclinent vers la terre,

Contemple en soupirant la tombe de son père,

Et songe à celle qui l'attend,

Mais ne redoute pas qu'une foule sauvage

Accoure profaner le funèbre héritage

De ce fragile monument.

Entouré de ses fils, quand la mort se présente

Vers leurs fronts inclinés il tend sa main tremblante,

Et sans effroi s'endort dans l'éternel repos.

Il sait que leur pitié lui garde une prière,

Et que plus d'une larme arrosera la pierre

Qui va bientôt couvrir ses os.

Mais, quand Mars a laissé sur la terre sanglante

La trace de ses pas,

Le vieillard, pour guider sa démarche tremblante,

Cherche le bras d'un fils, et ne le trouve pas.

Triste et désespéré, sous son toit solitaire,

De ce fils qui n'est plus il pleure le trépas.

POLYXÈNE

Hélas ! tel est le sort de mon malheureux père.

Il a vu tous ses fils, appelés au combat,

Succomber dans la fleur de leurs jeunes années.

LE CHŒUR

La Gloire a de tout son éclat

Illustré dans son vol leurs cendres fortunées,

Et l'immortalité

Redira d'âge en âge

Leur noble destinée à la postérité.

Le souvenir de ce courage,

De ces vertus, de ce trépas,

Remplira tous les cœurs d'une ardeur généreuse,

Et la jeunesse impétueuse

Répétera leurs noms en volant aux combats.

POLYXÈNE

Pourquoi s'enorgueillir d'une funèbre gloire !

Hélas ! quand c'est au prix d'une telle douleur

Qu'il a fallu payer la plus belle victoire,

La victoire elle-même est encore un malheur.

Plût au ciel que jamais les vaisseaux de la Grèce

N'aient porté sous nos murs leur cruelle jeunesse,

Et que gloire, combats, revers, succès, douleurs,

N'aient jamais réjoui, ni déchiré nos cœurs !

LE CHŒUR

Honneur à nos guerriers, qui, d'une main puissante,

Ont protégé les autels de leurs dieux,

Et qui, couchés vainqueurs sur l'arène sanglante,

Ont lu dans tous les yeux

Du triomphe prochain le signe glorieux !

O ma patrie, ô Troie,

O pénates sacrés des fils de Dardanus,

Livrez-vous à la joie.

Vous ne reverrez plus

Briller sous vos remparts la lance meurtrière,

Et, près de vos palais, la trompette guerrière

Ne retentira plus !

Nombreux ils sont venus toucher notre rivage;

On lisait dans leurs yeux

Une haine sauvage.

La valeur éclairait leurs fronts audacieux ;

Et telle on voit souvent une sombre tempête

Vers la terre incliner les arbres les plus grands,

Tel devant eux l'effroi faisait courber la tête

Des guerriers frémissants.

O ma patrie, ô Troie,

O pénates sacrés des fils de Dardanus,

Livrez-vous à la joie.

Vous ne reverrez plus

Briller sous vos remparts la lance meurtrière,

Et, près de vos palais, la trompette guerrière

Ne retentira plus !

SCÈNE III

POLYXÈNE, CASSANDRE, LE CHŒUR

CASSANDRE

Interrompez, mes sœurs, tous ces chants d'allégresse.

Ils ne conviennent point à la sombre tristesse

Qui pèse sur mon cœur. Interrompez ces chants.

Je trouve même en eux des accords menaçants ;

Leur fatale gaîté me trouble et m'épouvante.

Hélas ! je ne sais trop, dans ma tête brûlante,

Quel frisson a passé. De secrètes terreurs

Jettent autour de moi leurs profondes horreurs,

Et d'un voile de deuil entourent ma pensée.

A ces sourdes fureurs de mon âme oppressée,

Je sens un noir délire... O chants pleins de douceur,

Accents qui possédiez tant d'attraits pour mon cœur,

Que n'avez-vous encor cette aimable puissance

Qui dans mon sein jadis ramenait l'espérance ?

De mes sœurs que ne puis-je, éprouvant les transports,

Unir, comme autrefois, ma voix à leurs accords,

Et chanter les destins et le salut de Troie ?

Mais seule, quand ici tout respire la joie,

Seule je sens en moi l'étreinte du malheur,

Et mon cœur est le seul qu'oppresse la douleur.

LE CHŒUR

O fille de Priam, ô princesse chérie !

Est-ce au jour où renaît l'espoir de la patrie,

Que vous devez pousser ces longs gémissements ?

CASSANDRE

Oh ! croyez-moi, mes sœurs, interrompez ces chants.

Ces chants sont criminels ! j'entends la conscience

Accuser dans mon sein leur coupable innocence !

Étouffez, étouffez ces accents odieux.....

Ou plutôt, élevant votre voix vers les cieux,

De nos hymnes sacrés entonnez la prière.

Suivez-moi. Retournons au fond du sanctuaire,

Allons nous prosterner au pied des saints autels,

Et pour nous invoquer l'appui des immortels.

Hâtez-vous d'apporter les blanches bandelettes ;

Du laurier suppliant environnez vos têtes.

Courons ; du vaste ciel les maîtres tout-puissants

Se plaisent d'écouter les pudiques accents

Et d'exaucer les vœux de l'aimable jeunesse.

POLYXÈNE

Cassandre, tendre sœur que dans mes bras je presse,

Chassez de votre sein ces lugubres erreurs.

Des maux qui ne sont plus tous ces reflets trompeurs

D'une teinte de deuil, colorant vos pensées,

Vous font encor frémir sur des rigueurs passées.

Oh ! ne vous livrez pas à ces pressentiments.

Troie est libre, ma sœur, et les dieux très cléments

Ne se font pas un jeu de tromper l'espérance

De ceux qui dans le ciel placent leur confiance.

(S'avançant vers la fenêtre.)

Venez. De cette nuit admirez la beauté.

Que le ciel est serein, et quelle pureté,

Quelle aimable fraîcheur dans l'air que l'on respire.

Sur la grève, sans bruit, l'onde en glissant expire,

Et dans la plaine, au loin, tout est silencieux ;

Tout dort, tout est tranquille, et la mer, et les cieux,

Et nos palais en fête. — A cette paix profonde

Que la paix de votre âme, ô chère sœur, réponde.

Demain, dès que l'aurore à l'heure du réveil,

Dissipant de nos yeux le pudique sommeil,

Aura, d'un doigt de rose, ouvert notre paupière,

Vous viendrez avec nous, au fond du sanctuaire,

Joindre vos chastes vœux à nos chants solennels.

En pressant de vos bras le marbre des autels,

En contemplant des dieux les augustes images,

A l'aspect souriant de leurs puissants visages,

Vous sentirez, ma sœur, vous sentirez soudain

Descendre l'espérance au fond de votre sein.

Mais voici notre mère; oh! cachez-lui ces larmes,

Dérobez à ses yeux vos lugubres alarmes.

Hélas! elle a déjà trop répandu de pleurs

Pour ne lui point ravir ces nouvelles douleurs.

Ce regard égaré, cette pâleur cruelle

Auraient bientôt blessé son âme maternelle.

Oh! souriez, ma sœur, la voici, souriez.

SCÈNE IV

LES MÊMES, HÉCUBE

HÉCUBE

Ma fille, on est venu me dire qu'au palais

Vous étiez arrivée agitée et tremblante ;

Et, pressant de mes pas la lenteur chancelante,

Soudain, je suis montée à vos appartements,

Avide de connaître et vos nouveaux tourments

Et le puissant motif qui, vers cette demeure,

Loin du sacré parvis vous conduit à cette heure.

LE CHŒUR

Pressez entre vos bras, pressez sur votre cœur

Cette princesse à nos accents rebelle,

Et que de vos baisers la douceur maternelle

Dissipe de son front la pesante pâleur.

Non, ne prolongez pas ce douloureux silence.

Hâtez-vous d'accorder à mon impatience

L'aveu qu'à mon amour vous devez révéler ;

Parlez, pour vous bénir et pour vous consoler,

Le ciel, après dix ans d'une rigueur amère,

Vous a du moins laissé le cœur de votre mère.....

Mais, de mes yeux pourquoi détournez-vous les yeux ?

O ma fille, pourquoi votre front soucieux

Est-il toujours couvert d'une sombre tristesse ?

D'où viennent ces soupirs dont le poids vous oppresse ?

D'où vient que, trahissant l'effroi d'un cœur troublé,

Cette brûlante main dans ma main a tremblé ?

Vous, qui voulez en vain ravir à ma tendresse

De mes noires douleurs le pénible secret,

Oh ! ne voyez-vous pas dans mon œil inquiet,

Qu'à peindre mes terreurs moi-même embarrassée,

Je ne sais plus trouver de mots pour ma pensée ?

Oui, par l'effet du mal sous lequel il gémit,

Je frémis, sans savoir pourquoi mon cœur frémit.

Tel on voit, vers le soir, un menaçant orage

De nos arbres tremblants agiter le feuillage,

Tel d'un danger voisin l'invisible pouvoir

Répand autour de moi l'ombre et le désespoir.

LE CHŒUR

Dieux puissants, protégez notre faible innocence !

CASSANDRE

D'où vient cette douleur, d'où vient cette démence

Qui soulève en mon âme une immense terreur ?

D'où viennent ces transports qui tourmentent mon cœur ?

　　Du fond de ma froide poitrine

　　Ce cœur s'élance impétueux,

　　Semblable au coursier qui domine

Le bras fait pour guider ses pas présomptueux.

O puissant Apollon, est-ce toi qui m'inspire

    Ces prophétiques fureurs?

Est-ce la vérité qui par ma voix transpire,

    Ou de terribles erreurs?

LE CHŒUR

Vous qui savez calmer les ondes soulevées,

Et vous, dieux, qui régnez sur les âmes troublées,

Tendre sœur d'Apollon, chaste divinité

Qui d'un cœur pur et chaste aimez la pureté,

Écartez, écartez, le voile impitoyable

Qui dérobe aux regards de cette vierge aimable

    Le bonheur et la liberté.

CASSANDRE

    D'erreurs capricieuses,

Non, ma raison n'est pas le docile jouet.

Ces noirs pressentiments ne sont pas le reflet

De ces songes cruels, de ces lueurs trompeuses

Qui traversent parfois un esprit inquiet.

C'est la réalité, dont les éclats funèbres

Cherchent à dissiper les profondes ténèbres

Pour briller à mes yeux.

Oh ! quel est ce pouvoir sombre et mystérieux

Qui dans mon sein brûlant agite la démence ?

Apollon, n'es-tu plus le dieu de l'éloquence,

De la lumière et de la vérité ?

Accorde des accents à ma lourde pensée !

Que la conviction, de ma bouche oppressée,

Sorte avec la sincérité.

Et vous, dont la foule craintive

Contemple en soupirant cette scène d'horreur,

Jeunes filles, prêtez une oreille attentive

Aux oracles de ma fureur.

Nos guerriers ont posé les armes

Pour saisir en riant la coupe des festins ;

Ils ont dépouillé leurs alarmes ;

Le glaive est tombé de leurs mains.

Mais d'où vient tout à coup, d'où vient ce cri terrible

Qui fait frémir leur sein paisible

Et pâlir leur front triomphant !

A ces lueurs de la flamme tremblante,

Avez-vous vu passer une ombre menaçante ?

J'ai reconnu du Grec le visage sanglant !

LE CHŒUR

O ma patrie, ô Troie,

O pénates sacrés des fils de Dardanus,

Les Grecs sous nos remparts sont-ils donc revenus ?

Ou d'un nouveau vainqueur nous verra-t-on la proie ?

CASSANDRE

Vos cœurs insouciants se livrent à la joie ;

Vous chantez dans l'oubli des destins et du sort ;

Et vous portez en vous le germe de la mort !

LE CHŒUR

Fatal égarement, cruelles rêveries !

CASSANDRE

Que ne puis-je une fois encor
Errer en liberté dans nos plaines fleuries,
Et, remplaçant gaîment par de nouvelles fleurs
Ces guirlandes déjà sur ma tête flétries,
Exciter par mes jeux les compagnes chéries,
Que j'effraie, hélas ! de mes pleurs !
Heureux le laboureur, dont l'âme simple et pure
Contemple les tableaux, que l'aimable nature
Orna de ses fraîches couleurs.
Il parcourt les sentiers tracés dans la verdure
Des vallons parfumés ;
Il guide ses troupeaux dans le gras pâturage,
Coupe les blés pesants que sa main a semés,
Et goûte un frais repos sous le léger feuillage

Qu'agitent du printemps les souffles embaumés.

— Mais, où m'entraînez-vous, ô mes folles pensées ?

Quand par d'affreux malheurs nous sommes menacées,

De ces songes riants, ah ! ne nous bercez pas.

Fuyons les verts sentiers où s'égarent nos pas ;

Et, dans l'ombre fatale autour de nous jetée,

Ramenons, repoussons notre âme épouvantée.

Déjà mes yeux troublés, de nos tristes destins

Saisissent vaguement les contours incertains.

Oh ! ne refusons pas cette faible lumière

Qui, pour notre salut, éclate et nous éclaire.

Le temps presse. — Oh ! fureur, protégé par la nuit,

L'ennemi dans nos murs en secret s'introduit.

La livide terreur, les pâles Euménides

Guident en souriant ces cohortes perfides,

Et versent dans les cœurs la froide cruauté.

Je distingue le fer dont leur bras redouté

S'arme….. Le feu déjà brille dans les ténèbres.

Silence ! Entendez-vous au loin ces cris funèbres ?….

Mais non. Ce sont encor des accents de bonheur,

Ce sont des cris de joie.....

LE CHŒUR

Hélas ! que de terreur

Répand dans son esprit cette fièvre brûlante.

CASSANDRE

Ce sont des cris de joie ! Et ma voix impuissante

A vainement frappé leur incrédulité.

Follement aveuglés par la sécurité,

Ils ne voient pas la Mort, dont les ailes affreuses

S'étendent largement sur leurs têtes joyeuses,

Et dont le bras sanglant répand sur leurs festins

L'ivresse, la folie et l'oubli des destins !

Ils ne comprennent pas qu'une horrible tempête

En un long jour de deuil va transformer leur fête !....

Voyez comme le ciel, naguère si riant,

S'est tout à coup couvert d'un voile menaçant.

La vague en gémissant vient frapper le rivage,

Et l'on entend au loin, de nuage en nuage,

Le tonnerre qui gronde. — Oh ! quels accents humains

De tous ces cœurs fermés m'ouvriront les chemins

Pour y porter le jour ? — Ma bonne et tendre mère,

Par ces funestes pleurs qui de votre paupière

Tombent, et dans mon sein vont graver la douleur ;

Par ces genoux tremblants que je tiens sur mon cœur,

Par mon père Priam et sa tête chérie,

Par la patrie enfin, par l'auguste patrie,

Qui chancelle déjà sur ses vieux fondements,

Croyez en moi ! — Venez. Il en est encor temps.

Dans la salle où, ce soir, la foule téméraire

S'enivre des transports d'une joie éphémère,

Paraissons, unissez votre voix à ma voix,

Et dites-leur qu'un dieu de Cassandre a fait choix

Pour révéler du ciel les sentences secrètes.

Vous aussi, vous, mes sœurs, que l'effroi rend muettes,

A ma faible parole ajoutez vos accents ;

Et nos guerriers, vaincus par les conseils puissants

De l'auguste vieillesse et de votre innocence,

Peut-être écouteront le cri de ma démence.

Mais quoi!..... vous résistez à cet appel des cieux?

Vous hésitez encor? Et je lis dans vos yeux

La stérile pitié qu'inspire la folie,

Quand à ses mouvements rien de grand ne s'allie!

Vous ne croyez donc pas à ma sincérité?

Vous ne voyez donc pas qu'un dieu plein de bonté,

Pour sauver vos foyers qu'environne la flamme,

Préside aux durs tourments qui déchirent mon âme?

Vous, qui méconnaissez cet oracle sacré,

Vous ne lisez donc pas, sur mon front inspiré,

De nos malheurs prochains le signe irrécusable?.....

Mais d'où vient tout à coup cette ombre redoutable

Qui répand dans mon sein le trouble et le sommeil?

Je succombe.

(Elle s'endort.)

POLYXÈNE

Je veux qu'à l'heure du réveil,

Elle ait à ses côtés sa compagne fidèle.

Retirez-vous, mes sœurs, je demeure auprès d'elle.

Et vous aussi, ma mère, allez dormir en paix ;

— Et que les dieux cléments veillent sur nos palais !

FIN DU PREMIER ACTE.

ACTE DEUXIÈME

LES TROYENNES

SCÈNE PREMIÈRE

AGAMEMNON ET TOUS LES CHEFS DE
L'ARMÉE GRECQUE

AGAMEMNON

Enfin, Troie est à nous ! — Cette fière cité,
Pour sa perte abusant d'un jour de liberté,
Après tous nos assauts, après tant de batailles,
A, de ses propres mains, déchiré ses murailles,
Pour ouvrir un passage au perfide cheval
Édifié par nous, — au colosse fatal

Qui, dans ses flancs de bois, lui portait la ruine !

Nos compagnons cachés dans la lourde machine,

En sortent, et bientôt, tous nos autres guerriers

Accourent dans la nuit, et cernent les foyers,

Où les Troyens, fêtant le départ de la Grèce,

Se laissent engourdir d'une imprudente ivresse.

Surpris, déconcertés, éperdus de terreur,

Poussant des cris de haine, et de rage, et d'horreur,

Ils tombent massacrés, sans lutte et sans défense ;

Et nous, fiers de venger dix ans de résistance,

Nous tuons, nous tuons, sans pitié, sans merci.

— Cependant, les Troyens ont enfin réussi

A s'armer, à s'unir, et le combat s'engage,

Combat de désespoir, effroyable carnage,

Où tous, Grecs et Troyens meurent percés de coups.

C'est nous qui l'emportons ! la victoire est à nous,

Et de nouveaux lauriers vont couronner la Grèce.

MÉNÉLAS

Les dieux l'ont donc permis ! la flamme vengeresse
Dévore d'Ilion les palais dévastés,
D'Ilion, qui reçut dans ses murs détestés
Une femme coupable, une épouse infidèle ;
Qui devint son appui, sa patrie ; et pour elle
Répandit le plus pur du sang de ses enfants.

AGAMEMNON

Elle succombe enfin, et nos bras triomphants,
Qui vont anéantir, sans en laisser de trace,
Ses murs et ses palais, les Troyens et leur race,
Effaceraient aussi des souvenirs humains,
Pour les siècles futurs, jusqu'au nom des Troyens,
Si votre gloire amis, n'était intéressée
A grandir du renom de leur gloire passée ;
La valeur des vaincus élève le vainqueur.
Cette nuit, les Troyens doués d'un noble cœur,

Les armes à la main, sans souci de leur vie,

Sont morts, — en défendant le sol de leur patrie,

Leur foyer domestique et les parvis sacrés.

Les lâches ont péri dans l'ombre massacrés,

Quand le ciel s'éclaira des rayons de l'aurore,

Nos guerriers fatigués les poursuivaient encore,

Et le dernier Troyen sous leurs coups expirait.

C'est un peuple perdu qui tombe et disparaît!

PYRRHUS

Au milieu des horreurs de cette nuit fatale,

Brusquement arraché de sa couche royale,

Le vieux Priam accourt aux portes du palais.

Parmi ses défenseurs aussitôt qu'il paraît

L'exemple du vieillard ranime leur courage.

Mais c'est tout ce qu'il peut. La faiblesse de l'âge,

Qui n'a pas affaibli son ancienne valeur,

De son bras a détruit la force et la vigueur.

Il est mort noblement, en vrai roi!

ULYSSE

Nos cohortes
Ont de ce vieux palais brisé toutes les portes,
Et saisi les trésors entassés dans ses murs.
Par mes soins désignés, les gardiens les plus sûrs
Veillent sur cet amas d'abondantes richesses.

UN GREC

Les femmes du palais, Hécube et les princesses,
Attendent que nos chefs prononcent sur leur sort.

LES GRECS

Aux femmes l'esclavage, à tout homme la mort!

AGAMEMNON

Qu'on les amène ici!

LE GREC

Voici d'abord Hélène,

Plus belle que jamais sous ces voiles de laine,

Car le crime n'a pas effacé sa beauté.

AGAMEMNON

C'est à vous, Ménélas, son époux irrité,

C'est à vous de porter la sentence cruelle;

A vous de la juger!

TOUS

Grands dieux, comme elle est belle!

Sous nos regards vengeurs elle tremble et rougit;

D'une fausse pudeur la honte l'embellit.

MÉNÉLAS

Toi qui pouvais régner, bénie et vénérée,

De moi, de mes sujets souveraine adorée,

Sur mon noble royaume et sur mon cœur loyal;

Toi qui rompant les nœuds du pacte conjugal,

N'écoutant que la voix de ton audace impure,

M'abandonnas pour fuir avec l'hôte parjure,

L'infâme ravisseur, le Troyen abhorré, —

Tu ne rentreras plus dans mon cœur déchiré.

Et ce même palais, dont tu fus la maîtresse,

Te verra sans pouvoir, sans appui, sans tendresse,

Dans l'humble et vil troupeau des femmes de travail,

Filer, tisser la laine et soigner le bétail.

(On l'emmène.)

AGAMEMNON

Qu'on amène Andromaque.

LE CHŒUR

A la femme coupable

Va succéder ici l'épouse irréprochable.

(Andromaque paraît avec son fils,
le jeune Astyanax.)

AGAMEMNON

Toi qui fus la compagne et l'épouse d'Hector,

Ce héros qui jetait le désordre et la mort

Dans nos rangs décimés, et qui par sa vaillance

Prolongea d'Ilion la longue résistance,

Nous devrions porter sur toi, sur cet enfant,

Un bras vengeur. — Eh bien! notre cœur triomphant,

Touché par le malheur, la vertu, l'innocence,

S'adoucit tout à coup et s'ouvre à la clémence :

La Grèce par ma voix pardonne. — Vous vivrez!

Dans mon camp, dans ma cour, bientôt vous me suivrez

Pour y trouver, non pas la honte et l'esclavage,

Mais les égards qu'on doit à l'honneur, au courage.

PYRRHUS

Grand roi, nous partageons ces nobles sentiments.

CHŒUR DE SOLDATS GRECS

Étouffant comme vous nos vifs ressentiments,

Nous voulons, nous pouvons pardonner à la mère;

Mais le fils périra! — Les vertus de son père

Sont un crime pour lui, sont un danger pour nous;

Il doit les expier!

ANDROMAQUE

Je tombe à vos genoux!

J'implore votre cœur, mon unique espérance.

Pouvez-vous redouter un enfant sans défense,

Le dernier des Troyens, le dernier de son sang,

Isolé, confondu dans un peuple puissant,

Sans argent, sans soldats, et n'ayant sur la terre

Pour unique soutien que l'amour de sa mère?

LE CHŒUR

Ne suffit-il donc pas qu'il soit le fils d'Hector

Pour qu'il soit immolé? — Nous demandons sa mort

Par amour pour nos fils, par sage prévoyance,

Pour étouffer en lui tout germe de vengeance,

Pour ne pas laisser naître et grandir dans son cœur

Le courage d'Hector, la haine du vainqueur.

ANDROMAQUE

Dieux puissants, conjurez leur fureur sanguinaire!

PYRRHUS

Confiez-moi l'enfant et donnez-moi la mère;

Le père a succombé sous les coups de mon père,

Et ma main de l'aïeul a répandu le sang;

Mais de nos cruautés le fils est innocent,

Vous n'avez nul besoin de lui ravir la vie.

Laissez-moi l'emmener dans une autre patrie,

L'élever près de moi, guider ses sentiments,

De son cœur enfantin surveiller les élans.

La Grèce peut en moi placer sa confiance.

Si je vois poindre en lui quelque esprit de vengeance,

Sans trêve, sans pitié, je le livre au trépas.

LE CHŒUR

Nous demandons sa mort!

ANDROMAQUE

Ne m'abandonnez pas,

Sauvez ce faible enfant !

LE CHŒUR

Non, nous voulons qu'il meure !

AGAMEMNON

Nous allons réunir notre Conseil sur l'heure ;
Il saura librement prononcer entre vous.

LE CHŒUR

C'est Hécube, grand roi, qui s'avance vers nous.
Ses filles en tremblant soutiennent sa vieillesse.
Pitié pour le malheur, pitié pour la faiblesse !

AGAMEMNON

Épouse de Priam, mère du noble Hector,

Nous compatissons tous à votre triste sort.

Vous avez épuisé les douleurs de la vie;

Vous n'avez plus de fils, d'espoir, ni de patrie.

Je vous donne un asile au fond de mon palais :

Vous pourrez y passer vos derniers jours en paix,

Y trouver le repos si cher à la vieillesse,

Y nourrir vos regrets, votre juste tristesse,

Et sur vos souvenirs librement y pleurer.

HÉCUBE

Pardonnez-moi si j'ose encor vous implorer,

Mais ne séparez pas mes filles de leur mère.

Oh ! je vous en supplie, écoutez ma prière,

Laissez-vous attendrir, ne nous séparez pas ;

Arrachez leur jeunesse à la honte, au trépas.

AGAMEMNON

Cassandre vous suivra, je le veux, je l'emmène,

Mais, je ne puis dicter le sort de Polyxène ;

Sur elle le Conseil a réservé ses droits.

HÉCUBE

Vous êtes tout-puissant, ô vous, le roi des rois,

Ne me ravissez pas ma fille bien-aimée.

AGAMEMNON

Nous allons consulter les princes et l'armée ;

Vous connaîtrez bientôt chacune votre sort.

SCÈNE II

ANDROMAQUE, HÉCUBE ET SES FILLES,
CHŒUR DE TROYENNES

ANDROMAQUE

De mon unique fils ils demandent la mort!

HÉCUBE

Ils veulent me ravir ma douce Polyxène,
Ma fille bien-aimée!

LE CHŒUR

O malheureuse reine,
Malheureuse princesse! — En une seule nuit,
Ils ont tout saccagé, tout pillé, tout détruit.
Perfides et cruels, affamés de carnage,

Ils ont tout massacré dans leur fureur sauvage.

Nos frères, nos amis, nos fils et nos époux,

En voulant nous défendre, ont péri sous leurs coups ;

Le feu va dévorer notre ville chérie ;

Et, sous des cieux cruels, loin de notre patrie,

Les Grecs vont nous traîner comme de vils troupeaux,

Nous vendre, nous soumettre aux plus rudes travaux,

Briser nos jeunes cœurs, et nous faire connaître

Jusqu'où peuvent aller les caprices d'un maître.

UNE JEUNE FILLE

Oh ! douleur, oh ! douleur ! — qu'allons-nous devenir?

LE CHŒUR

Avons-nous mérité cet affreux avenir?

Des vengeances d'un dieu sommes-nous les victimes ?

Avons-nous en secret commis quelques grands crimes,

Dont il faut aujourd'hui subir le châtiment?

Mais non. — Notre âme est pure et notre cœur aimant ;

Et nous avons toujours honoré la vieillesse,

Consolé la douleur, soutenu la faiblesse,

Pratiqué les vertus, et, devant les autels,

Célébré par nos chants tous les dieux immortels,

Ces dieux, dont le pouvoir est pour nous trop sévère.

POLYXÈNE

N'accusez pas les dieux d'une façon légère ;

Ce sont nos passions, ce ne sont pas les leurs

Qui pour nous ont ouvert la source des malheurs.

N'est-ce pas de Pâris la coupable faiblesse

Qui poussa vers nos bords les vaisseaux de la Grèce,

Et qui de nos héros trancha les nobles jours ?

Nous avons protégé ces funestes amours !

De nos propres guerriers l'ivresse et l'incurie

Ont suffi, cette nuit, pour perdre la patrie.

Les dieux ont plusieurs fois parmi nous combattu ;

On a reconnu Mars, d'une armure vêtu,

Qui luttait dans nos rangs, sur les bords du Scamandre.

Les dieux nous ont parlé par la voix de Cassandre ;

Nous avons méconnu leurs avertissements ;

Nous sommes restés sourds à nos pressentiments,

Aux conseils inspirés, à l'humaine prudence.

N'accusons pas des dieux la sainte providence ;

Sous leurs justes arrêts, mes sœurs, inclinons-nous,

Et par le repentir désarmons leur courroux.

LE CHŒUR

Que les dieux sont cruels, que les dieux sont sévères !

Nous supportons le poids des fautes de nos pères,

Et de leurs passions nos cœurs sont innocents.

POLYXÈNE

Nous devons partager (les destins tout-puissants

L'ont ainsi décidé) leur joie ou leur misère,

Et de leurs actions notre âme est solidaire.

Résignons-nous au mal qu'on ne peut éviter,

Et supplions les dieux de ne pas l'augmenter.

Fortes de nos vertus, de notre conscience,

Nous avons à souffrir, souffrons avec constance,

Et portons noblement le fardeau du malheur.

LE CHŒUR

Nous saurons épuiser la coupe de douleur,

Nous saurons supporter les fers et l'esclavage.

Digne fille des rois, votre mâle courage

D'un élan de fierté fait tressaillir nos cœurs.

Faibles, nous subirons la loi de nos vainqueurs,

Et si nous n'avons pu défendre la patrie,

Sa mémoire par nous ne sera pas ternie !

SCÈNE III

LES MÊMES, PYRRHUS

PYRRHUS (à Andromaque)

Je viens exécuter les ordres du Conseil.

Sur les dangers futurs sa prudence en éveil

De votre fils, madame, exigeait le supplice ;

J'ai détourné les coups d'un si grand sacrifice.

L'enfant vivra ; — mais, loin de vous, de votre amour :

On me l'a confié, je l'emmène à ma cour.

ANDROMAQUE

Vous voulez lui ravir la gloire de son père,

Et jusqu'au souvenir des baisers de sa mère !

Mieux vaut pour lui la mort !

PYRRHUS

J'aurai soin d'adoucir
Pour lui tous les effets d'un cruel avenir.

ANDROMAQUE

De quel droit osez-vous lui conserver la vie ?

PYRRHUS

Mais je vais aux excès d'une armée en furie
La disputer encor, en sortant de ces lieux.
Hâtez-vous, faites-lui vos suprêmes adieux.

ANDROMAQUE

Je ne te verrai plus, trésor de ma tendresse !

HÉCUBE ET SES FILLES

O douleur ! ô douleur !

PYRRHUS

Hâtez-vous, le temps presse,
Et, si vous prolongez cet adieu déchirant,
Je ne répondrai plus des jours de votre enfant.

(On enlève Astyanax.)

ANDROMAQUE

Cruels, cruels, frappez, arrachez-moi la vie !

SCÈNE IV

LES MÊMES, MOINS PYRRHUS ; ULYSSE

ANDROMAQUE (courant vers Ulysse)

O prince tout-puissant, oh ! je vous en supplie,
De mon fils bien-aimé ne me séparez pas.
Permettez......

ULYSSE

Voulez-vous contempler son trépas ?

ANDROMAQUE

Prince, permettez-moi de le suivre en Épire,
Où le noble Pyrrhus va bientôt le conduire.
C'est mon enfant chéri, mon unique trésor.

ULYSSE

Les Grecs n'ont pas permis que l'héritier d'Hector,
Élevé par Pyrrhus, allât vivre en Épire.

ANDROMAQUE

Et, mais, lui-même, ici, Pyrrhus vient de le dire.....
O ciel, il me trompait ! — Barbares, arrêtez !
Qu'on ne l'immole pas !

(Elle tombe dans les bras d'Hécube.
On l'emmène. Sortie du chœur.)

SCÈNE V

ULYSSE, POLYXÈNE

(Ulysse retient Polyxène, et la conduit
sur le devant de la scène.)

ULYSSE

Polyxène, restez !
Devant le grand Conseil vous allez comparaître.

POLYXÈNE

Qui, moi ?

ULYSSE

Les rois, avant de vous donner un maître,
Princesse, ont décidé de vous interroger

POLYXÈNE

Pour quel crime inconnu veulent-ils me juger ?

ULYSSE

Vous allez le savoir.

POLYXÈNE

S'il faut que je périsse,

Sans perdre un seul instant, qu'on me mène au supplice.

FIN DU DEUXIÈME ACTE.

ACTE TROISIÈME

AGÉSILAS

SCÈNE PREMIÈRE

HÉCUBE, CASSANDRE, GARDES

CASSANDRE

Elle n'est pas ici !

HÉCUBE

Nous cherchons votre sœur ;
Qu'est-elle devenue ?

CASSANDRE

Hélas ! un ravisseur
L'a sans doute déjà loin de nous entraînée.

HÉCUBE

Et nous ne savons pas vers quelle destinée !

CASSANDRE

Sans nous faire d'adieux. Oh ! qu'elle a dû souffrir.

HÉCUBE

Qui sait si ce n'est pas pour la faire mourir,
Que les Grecs m'ont ravi ma douce Polyxène ?

CASSANDRE (Désignant les gardes)

Parmi ces noirs guerriers tout frémissants de haine,
Nos farouches gardiens, — ma mère, celui-ci

Me paraît moins cruel. Parlez-lui, le voici
Qui s'avance vers nous.

HÉCUBE

                    Guerrier sombre et sévère,
Si vous êtes sensible aux larmes d'une mère,
Ne nous repoussez pas ; — dites-nous si vos yeux
Ont été les témoins du rapt audacieux
De ma fille, qui vient, hélas ! de disparaître ?
Quels sont ses ravisseurs ? faites-les-moi connaître.

LE GREC

Votre fille a suivi les pas d'Ulysse.

HÉCUBE

                              O ciel !
Pour l'entraîner d'ici, ce prince criminel
A sans doute sur elle usé de violence ?

LE GREC

Votre fille n'a fait aucune résistance.

HÉCUBE

Où l'a-t-il pu conduire? oh! ne me cachez rien.

LE GREC

Nous ne le savons pas.

HÉCUBE

Ah! je le sais trop bien!
C'est pour subir l'affront d'un insolent caprice!

CASSANDRE

C'est pour servir d'esclave à la femme d'Ulysse!

HÉCUBE

Nous ne la verrons plus!

LE GREC

Devant tant de douleurs

Mes yeux compatissants se remplissent de pleurs.

— Mais, voici l'un des chefs des cohortes d'Épire,

Qui sur le roi Pyrrhus exerce un grand empire,

Implorez son appui.

(Entre Agésilas.)

SCÈNE II

LES MÊMES, AGÉSILAS

AGÉSILAS (à Hécube.)

Princesse, à votre aspect,
Je me sens pénétré d'amour et de respect :
Je suis Agésilas, et je vous dois la vie !
— J'étais captif dans Troie, une foule en furie
Entourait ma prison d'un cercle menaçant.
J'allais périr. Mais vous, d'un mot compatissant,
Vous avez su dompter leur rage sanguinaire,
Et vous m'avez du jour conservé la lumière.

CASSANDRE

Ma mère ! c'est un dieu, qui, dans ce jour fatal,
Nous envoie un ami généreux et loyal !

AGÉSILAS

Oui, vous pouvez compter sur ma reconnaissance.

J'attends ici Pyrrhus, et si mon influence

Peut agir sur le cœur de ce prince puissant,

Je saurai, trop heureux d'épargner votre sang,

Ravir à ses bourreaux une tête innocente.

HÉCUBE

Oh ! préservez du fer cette tige naissante,

Ce dernier rejeton de la race d'Hector.

AGÉSILAS

Non, je ne pourrai pas l'arracher à la mort,

Car il doit expier la gloire paternelle.

Quant à l'autre victime..... et si jeune, et si belle !

HÉCUBE

Ciel, de qui parlez-vous ?

AGÉSILAS

Quoi! ne savez-vous pas

Que les Grecs ont aussi demandé le trépas

De votre Polyxène?

HÉCUBE

O douleurs trop amères!

Courons, conduisez-moi vers ces rois sanguinaires

Qui veulent immoler des êtres innocents.

Je vais les attendrir par mes tristes accents,

Me jeter à leurs pieds. Oh! courons, le temps presse.

AGÉSILAS

Vous ne le pouvez pas en ce moment, princesse,

Les rois sont au Conseil, et ce n'est que demain

Qu'on doit exécuter ce sacrifice humain.

La journée à moitié n'est pas encor passée.

Venez, retirez-vous, là, dans le Gynécée;

J'irai vous y chercher avant l'heure du soir.

J'attends ici Pyrrhus, et j'ai le ferme espoir

De sauver, grâce à lui, l'une ou l'autre victime.

HÉCUBE

Oh! mais, expliquez-vous, dites-moi de quel crime

On veut punir ma fille?

AGÉSILAS

> Un de nos vieux guerriers

Traversait, cette nuit, le bois de verts lauriers

Qui s'étend tout auprès des murs de votre ville,

Le bois de lauriers verts où dort le grand Achille.

Soudain, il aperçut l'ombre de ce héros

Devant le monument qui recouvre ses os.

D'une main il tenait sa lance meurtrière ;

Et de l'autre, il semblait presser la froide pierre.

Son visage était sombre et son œil irrité.

D'une voix et d'un ton pleins de sévérité :

« Les Grecs laisseront-ils toujours privés d'offrande

» Mes mânes oubliés ? cria-t-il. Je demande

» La plus belle et la plus riche part du butin. »

Le spectre ayant parlé disparut. — Ce matin,

Une grande rumeur se répand dans la plaine ;

On prononce partout le nom de Polyxène.

C'est elle que l'on veut immoler sans retard,

Car cette chaste fille est la plus belle part

Du butin que l'on a recueilli dans la ville ;

C'est elle qu'on allait unir à notre Achille ;

Elle qu'il conduisait plein d'amour à l'autel,

Quand on le vit tomber frappé du coup mortel,

En ce jour, où Pâris, un traître, un misérable,

Perça d'un dard aigu le talon vulnérable

Du héros, que la Grèce a mis au rang des dieux.

HÉCUBE

De ce lâche attentat, de ce crime odieux,

Ils le savent très bien, ma fille est innocente.

AGÉSILAS

Qu'importe à nos guerriers. La foule impatiente
Veut honorer Achille, elle veut l'apaiser ;
A ses vœux le Conseil pourra-t-il s'opposer ?
Ce n'est pas la vengeance et ce n'est pas la haine
Qui vont dicter le sort de votre Polyxène ;
C'est le culte qu'on a pour les morts regrettés ;
Ce sont des sentiments, ce sont des volontés
Qui peuvent s'exprimer, menace redoutable,
Par la voix d'une armée ardente, inexorable,
Devant qui tout fléchit.

HÉCUBE

Je n'ai donc plus d'espoir ?

AGÉSILAS

Rentrez ; vous le saurez, madame, avant ce soir.

SCÈNE III

AGÉSILAS, PYRRHUS

PYRRHUS (à Agésilas)

C'est à votre amitié qu'en secret je m'adresse....

Vous allez, cette nuit, repartir pour la Grèce.

AGÉSILAS

Ce départ est bien prompt. — Soumis à tous vos vœux,

Je suis prêt à partir de suite, mais je veux

Avant de m'éloigner, de quitter ce rivage

Vous implorer. — Les Grecs, dans leur fureur sauvage,

Ne se contentent pas de vouer à la mort

Le jeune Astyanax, l'unique fils d'Hector ;

Mais ils veulent aussi, par un surcroît de haine,

Faire couler, demain, le sang de Polyxène.

Ils osent même, hélas ! dans leur impiété,

Couvrir ce noir forfait de ton nom respecté,

Comme si ta grande âme, ô généreux Achille,

Pouvait se réjouir de ce crime inutile !

Pour interprète, oh ! non, tu n'aurais pas fait choix

De ce soldat obscur, égaré dans les bois ;

Tes vœux, à ton fils seul tu les eus fait connaître ;

C'est lui qui t'aurait vu cette nuit apparaître.

— O Pyrrhus, croyez-moi, loin de l'autoriser,

Au crime qu'on prépare il faut vous opposer.

Faites-le pour l'honneur, la mémoire d'un père ;

Rendez la jeune fille à sa tremblante mère.

Les Grecs, puisqu'on ne peut, hélas ! le racheter,

Du sang d'Astyanax sauront se contenter.

PYRRHUS

Non, non, je ne veux pas que cet enfant périsse ;

Je saurai l'arracher à la ruse d'Ulysse,

Aux terreurs de l'armée, à tous ses ennemis;

Je compte pour cela sur vous, sur nos amis.

AGÉSILAS

Y pensez-vous? — Ce meurtre, hélas! est nécessaire,

Car le fils pourrait bien ressembler à son père.

Il aura pour devoir de venger son trépas,

Né d'un sang généreux, il n'y faillira pas.

PYRRHUS

Je vous l'ai déjà dit, je veux sauver sa tête.

Ma résolution est encore secrète;

Vous en êtes le seul et le premier instruit.

AGÉSILAS

Votre projet, Pyrrhus, en un instant détruit

Tout espoir de salut pour Hécube et sa fille.

Je voudrais à tout prix sauver cette famille,

Car je lui dois la vie, et son sort est affreux.

Croyez-moi, repoussant des desseins dangereux,

Abandonnez l'enfant, prenez la jeune fille.

A la noble fierté qui dans son regard brille,

On sent que ses vertus surpassent sa beauté ;

Son cœur est chaste et pur, et cette pureté

D'un rayon de pudeur éclaire son visage.

Elle est du sang des rois. Exigez qu'en partage

Elle vous soit donnée.

PYRRHUS

                    Oui, certes, j'en convien,

C'est une noble fille, et je comprends très bien

L'intérêt généreux que son sort vous inspire ;

Mais sa beauté sur moi n'exerce aucun empire,

Ni même ses vertus, dont je connais le·prix.

D'une femme plus noble encor je suis épris !

C'est son fils bien-aimé que je prétends lui rendre ;

Je veux tarir les pleurs que je lui vois répandre.

Oui, oui, j'aime Andromaque ! et son charme vainqueur,

Sa beauté, sa tristesse ont subjugué mon cœur.

Je ne m'en défends pas, et j'aime à le redire.

Je veux sur mon vaisseau l'emporter en Épire,

Consoler ses douleurs et l'unir à mon sort;

Je veux même effacer les souvenirs d'Hector,

Et, rendant à son fils la tendresse d'un père,

Arriver par son cœur jusqu'au cœur de sa mère.

— Mais nous devons d'abord l'arracher au trépas,

Et j'ai compté sur vous. Ne l'abandonnons pas,

Enlevons la victime avant le sacrifice!

Aussitôt que la nuit, de son ombre propice,

Viendra favoriser le secret du départ,

Avec Astyanax, sans le moindre retard,

Sur un de mes vaisseaux vous fuirez vers l'Épire.

AGÉSILAS

Vous voulez donc braver une armée en délire;

Vous voulez affronter la colère des rois?

PYRRHUS

Plus je cours de périls, et plus j'aurai de droits
A l'amour d'Andromaque, à sa reconnaissance.
Son fils est en nos mains. A mon impatience,
Dévoué serviteur, hâtez-vous d'obéir.
Le temps est précieux.

AGÉSILAS

Mais je ne puis partir,
Je ne puis m'éloigner sans perdre Polyxène.
Avec Astyanax il faut que je l'emmène.
Dussions-nous tous périr ! sur l'honneur, j'ai promis.....

PYRRHUS

Mais elle est au pouvoir des guerriers ennemis.
Allez la demander à l'inflexible Ulysse,
Aux fureurs de l'armée, aux apprêts du supplice !
Rien ne peut la ravir à son destin affreux.

Nous voudrions sauver ces enfants malheureux ;

Le choix n'est pas permis ; mais, grâce à la fortune,

De deux têtes, le Ciel du moins nous en livre une.

Fuyez donc. — En voulant les sauver tous les deux,

Vous les perdez, et vous nous perdez avec eux.

AGÉSILAS

Silence, on vient, silence ! — Eh ! mais, c'est Polyxène,

Qu'un destin favorable auprès de nous ramène.

SCÈNE IV

LES MÊMES, POLYXÈNE, GARDES

POLYXÈNE

Avant de me livrer aux glaives ennemis

Qui vont trancher mes jours, les princes ont permis,

Pour la dernière fois sur cette froide terre,

Que je mêle mes pleurs aux larmes de ma mère.

AGÉSILAS

Nous nous opposerons à ce crime odieux !

Nous voulons vous sauver.

POLYXÈNE

Ah ! laissez faire aux dieux !

Je n'espère plus rien de l'humaine justice

Et je suis résignée à subir le supplice,

Heureuse de trouver, dans ces moments affreux,

Même parmi les Grecs, des esprits généreux,

Qui déplorent mon sort et celui de ma mère.

PYRRHUS

Comme elle est noble et belle à son heure dernière !

POLYXÈNE

Ce destin si cruel, je l'attends sans effroi ;

Je ne crains pas la mort qui s'ouvre devant moi.

C'est un abri, pour fuir et la honte et l'outrage,

C'est la porte par où l'on sort de l'esclavage.

(Elle entre dans le Gynécée.)

SCÈNE V

AGÉSILAS, PYRRHUS

PYRRHUS

Devant tant de jeunesse et de sérénité,

De pitié, de terreur mon cœur est agité.

AGÉSILAS

Auprès d'Agamemnon allons plaider sa cause.

Sur ce dernier appui tout mon espoir repose.

En tenant sur ce point les esprits éveillés,

Nos mouvements, d'ailleurs, seront moins surveillés.

PYRRHUS

J'approuve ce conseil dicté par la prudence,

Et je vais avec vous implorer la clémence

D'un roi qui, par un sort également cruel,

A vu sa tendre fille expirer sur l'autel.

FIN DU TROISIÈME ACTE.

ACTE QUATRIÈME

POLYXÈNE

SCÈNE PREMIÈRE

PYRRHUS, GARDES, CHŒUR DE TROYENNES

LE CHŒUR

Qui frappe ainsi chez nous, et vient avec ce bruit
Ébranler notre porte au milieu de la nuit?
A quels nouveaux malheurs sommes-nous condamnées?
Venez-vous terminer nos tristes destinées?

GARDES

C'est au nom de Pyrrhus que nous venons ici;
Il veut voir Andromaque et l'enlever; — ainsi
Hâtez-vous en ces lieux d'amener la princesse.

SCÈNE II

ANDROMAQUE, PYRRHUS

PYRRHUS

Madame, le Conseil suprême de la Grèce,

Pour prix de ma valeur, pour prix de mes exploits,

M'ayant dans le butin permis de faire un choix,

J'ai voulu vous avoir en partage, et j'implore

De vous seule....

ANDROMAQUE

Seigneur, mon fils vit-il encore?

Ne me déguisez pas l'horrible vérité,

Oh! je vous en supplie!

PYRRHUS

Il est en sûreté.

Je l'ai remis aux mains d'un serviteur fidèle,

Connu par son courage, éprouvé pour son zèle,

Qui l'entraîne déjà sous des cieux moins cruels.

Ils ont fui sur les flots.

ANDROMAQUE

                    Que les dieux immortels

Daignent récompenser cette noble clémence.

PYRRHUS

C'est de vous que bientôt j'attends ma récompense.

ANDROMAQUE

Je le reverrai donc ! — Laissez-moi l'embrasser ;

Dans mes bras, sur mon cœur laissez-moi le presser.

Rendez-moi mon enfant, et rendez-lui sa mère.

PYRRHUS

Oui, vous le reverrez. — Dès demain, je l'espère,

Nous aurons quitté Troie et ce sol odieux,

Tristement abreuvé d'un sang si précieux.

Mais, hâtons-nous de fuir, car les Grecs en démence,

Irrités de se voir arracher leur vengeance,

Pourraient vous massacrer, vous-même, sous mes yeux.

ANDROMAQUE

Non, je n'hésite pas à vous suivre en tous lieux;

Dans votre noble cœur j'ai mis ma confiance.

Grâce à vous je renais à la douce espérance;

Mais, si sur mon enfant je n'ai plus à pleurer,

Pour une tendre sœur je dois vous implorer.

Permettez, ô Pyrrhus! permettez que j'emmène,

En partant avec vous, la jeune Polyxène,

Que les Grecs ont aussi condamnée à périr.

PYRRHUS

A ce vœu si touchant je voudrais consentir,

Mais je crains d'exposer votre vie à la rage

De ces monstres cruels.

ANDROMAQUE

Oh ! j'aurai du courage !

Maintenant que je sais mon fils en sûreté,

Je ne redoute rien.

PYRRHUS

De cette fermeté,

De ce grand dévoûment mon âme est attendrie,

Je cède. Je vous offre et mon bras et ma vie,

Trop heureux, s'il le faut, de mourir près de vous.

ANDROMAQUE

Je cours la prévenir, l'entraîner avec nous.

Sous les humbles habits d'une esclave fidèle,

Elle suivra mes pas. — Je reviens avec elle.

7

SCÈNE III

PYRRHUS

PYRRHUS

Ces nobles sentiments font tressaillir mon cœur.

Quel esprit généreux, et quel charme vainqueur !

Séduit par ses vertus, séduit par sa noblesse,

Je me sens enivré d'amour et de tendresse.

Mon courage saura l'arracher à la mort ;

Elle m'appartiendra, j'embellirai son sort.

Assise à mes côtés sur le trône d'Épire,

Elle verra mon peuple adorer son empire,

Elle verra son fils grandir entre nous deux.

Le bonheur que ma main va répandre sur eux

Éteindra dans leur sein la haine et la vengeance,

Et l'amour jaillira de la reconnaissance.

SCÈNE IV

PYRRHUS, ANDROMAQUE, POLYXÈNE

POLYXÈNE

Soyez béni, seigneur ! — Résignée à mon sort,

J'étais prête à mourir et j'attendais la mort.

Je vous dois le salut, et l'espoir, et la vie.

PYRRHUS

Remerciez plutôt la généreuse amie

Dont tout le dévoûment a passé dans mon cœur.

Mais, avant d'arriver au salut, au bonheur,

Nous avons à franchir la ville et le rivage.

Hâtons-nous donc de fuir. Mon bras et mon courage,

S'il est quelques périls, sauront bien les braver.

SCÈNE V

LES MÊMES, AGAMEMNON

AGAMEMNON

Pourquoi venir ainsi, dans la nuit, enlever,
Comme un loup ravisseur, l'esclave infortunée?

PYRRHUS

Andromaque est à moi, les rois me l'ont donnée,
Et nul à mon pouvoir ne peut la disputer.

AGAMEMNON

Qu'avez-vous donc alors, Pyrrhus, à redouter?

PYRRHUS

Voyant parmi les Grecs, altérés de vengeance,

D'heure en heure grandir le trouble et la licence,

Connaissant leurs projets, leurs menaces de mort,

Pour protéger les jours de la veuve d'Hector,

Je venais l'enlever, l'entraîner dans ma tente.

AGAMEMNON

Partez donc. — Cependant, dans l'ombre menaçante,

Je vous conseille, ami, de surveiller vos pas.

Nos guerriers en fureur ne s'abandonnent pas

Aux douceurs d'un sommeil alourdi par l'ivresse.

Les uns sont occupés du départ pour la Grèce ;

Les autres, dont le cœur n'a rien gardé d'humain,

Font les préparatifs des fêtes de demain.

Ils se rendent déjà par groupes dans la plaine,

Où doit couler le sang si pur de Polyxène,

Où l'on doit immoler le jeune fils d'Hector.

On les entend de loin pousser des cris de mort.

Altérés de vengeance, impatients de crimes,

Ils vont venir ici réclamer les victimes.

— Andromaque pourtant n'a rien à redouter ;
On n'en veut qu'à son fils.

PYRRHUS

Partons sans hésiter,
A travers ces mutins ouvrons-nous un passage.
Si de nous résister ils me faisaient l'outrage,
Mon bras les en ferait bien vite repentir.

SCÈNE VI

LES MÊMES, ULYSSE, GARDES

ULYSSE

Arrêtez. — Nul d'ici, ne peut, ne doit sortir.

De nos Grecs soulevés les épaisses cohortes

Déjà de ce palais environnent les portes.

Ils viennent réclamer, pour lui donner la mort,

La fille de Priam, la jeune sœur d'Hector :

De répandre son sang ils se font une joie.

Sur le bruit qu'on voulait leur ravir cette proie

Ils se sont vers ces lieux soudain précipités.

— Vers votre camp, Pyrrhus, d'autres se sont portés

Pour prendre Astyanax, la seconde victime.

PYRRHUS

Celui-là va du moins échapper à leur crime !

ANDROMAQUE

Dieux puissants, préservez mon enfant du trépas !

ULYSSE

Le palais est cerné ; — vous n'en sortirez pas,
Si vous ne commencez par livrer Polyxène.

PYRRHUS

Que m'importent à moi la vengeance et la haine
De ces Grecs révoltés, ou leurs prétendus droits ?
Ne sommes-nous donc pas leurs princes et leurs rois ?
Comment oseront-ils nous fermer le passage ?
Nous allons affronter leur insolente rage,
Et vous les verrez tous repentants et soumis.
Venez, Agamemnon, rallions nos amis,
Et, le fer à la main.....

ULYSSE

Arrêtez, téméraire,

Gardez-vous d'exciter l'audace et la colère

De ces guerriers nombreux, plus puissants que nous trois.

Les foules ont toujours raison contre les rois.

Et, d'ailleurs, mes amis, cette troupe égarée

N'est-elle pas, au fond, dans ses vœux modérée,

Quand elle vient ici, — pour prix de sa valeur,

Du sang qu'elle a versé pour venger notre honneur,

De son activité, de sa persévérance,

Et de dix ans entiers de lutte et de souffrance,

Réclamer deux captifs ! sans contester les choix

Qu'ont déjà librement, largement faits leurs rois.

TROIS GUERRIERS GRECS

Nous voulons, ô Pyrrhus, honorer votre père !

A l'avenir vengeur nous voulons nous soustraire !

Nous voulons une part vivante du butin !

POLYXÈNE (se montrant)

Me voici ! — Je me rends aux arrêts du destin
Qui m'a, depuis longtemps, condamnée au supplice.

ULYSSE

Que vois-je ? Polyxène.

POLYXÈNE

Il faut que je périsse !

ULYSSE (à Pyrrhus)

Polyxène, — que vous, fils du rival d'Hector,
Vous venez enlever et soustraire à son sort ?

AGAMEMNON (à Pyrrhus)

De quel droit osez-vous ravir une princesse,
Sans l'aveu du Conseil, sans l'aveu de la Grèce ?

PYRRHUS

Je voulais à la Grèce épargner le malheur

D'un forfait qui pourrait entacher son honneur ;

Je voulais, seul moyen de supprimer le crime,

Dérober à vos coups l'innocente victime ;

Je voulais, je l'avoue, arracher au trépas

Cette autre Iphigénie !

AGAMEMNON

Oh ! ne prononcez pas

Ce nom qui me remplit de trouble et d'épouvante ;

Ce nom cher et cruel, qui, dans mon âme ardente,

Éveille le remords, et la honte, et l'horreur !....

Oui, moi-même des Grecs j'ai subi la fureur.

Ils n'ont su respecter ni le roi, ni le père ;

Et, devant ce pouvoir inique et sanguinaire,

J'ai vu fléchir le poids de mon autorité.

Moi-même je n'ai pu briser leur cruauté.

Et, puisqu'aux durs destins, à l'inflexible armée,

Nous n'avons pu ravir ma fille bien-aimée,

A ces mêmes bourreaux nous n'arracherons pas
La Troyenne qu'ils ont condamnée au trépas !

POLYXÈNE

Merci, nobles amis, dont l'âme généreuse
A voulu me soustraire à cette mort affreuse ;
Merci de vos efforts, de votre dévoûment.
Mais, écoutez les vœux que je forme, au moment
Où la mort à jamais va fermer ma paupière.
O grand roi, laissez-moi vous confier ma mère ;
Veillez sur ses vieux jours, consolez sa douleur.
De ma chère Cassandre écartez tout malheur,
Et soyez en tout temps un protecteur pour elle.
Et vous, Pyrrhus, soyez toujours tendre et fidèle
Pour Andromaque et pour son fils sauvé par vous.
Êtres chéris et bons, il m'eût été bien doux
De vous suivre, et de vous consacrer cette vie
Qui va, si tristement, hélas ! m'être ravie !
Mais les dieux irrités ne le permettent pas.

ACTE QUATRIÈME (10)

ANDROMAQUE (à Ulysse)

Oh ! laissez-vous fléchir ; arrachez au trépas,

Aidez-nous à sauver cette sœur bien-aimée.

(Elle prend Polyxène dans ses bras.)

PYRRHUS

Mon bras est impuissant contre toute une armée.

ULYSSE

Aux arrêts du destin, nul ne peut résister.

PYRRHUS

Tout espoir est perdu !

AGAMEMNON

Nous ne pouvons lutter.

POLYXÈNE

Je vous suis ! — Abrégeons cette attente cruelle.

(Ils sortent.)
(Andromaque reste seule.)

SCÈNE VII

ANDROMAQUE, PYRRHUS RAMENÉ
PAR UN MESSAGER

LE MESSAGER

Seigneur, je vous apporte une affreuse nouvelle :
Agésilas.....

PYRRHUS

O ciel, que va-t-il m'annoncer ?

ANDROMAQUE

Le sang vient dans mon cœur soudain de se glacer.

LE MESSAGER

Agésilas, surpris par l'ennemi, dans l'ombre,

A malheureusement succombé sous le nombre,
En défendant le fils infortuné d'Hector.

PYRRHUS

Que me dites-vous là ?

LE MESSAGER

Je l'ai vu tomber mort.

ANDROMAQUE

Et mon fils ?

PYRRHUS

Et l'enfant?

LE MESSAGER

Cette tendre victime
Est restée au pouvoir de la haine et du crime.

ANDROMAQUE

Ils vont assassiner le fils de mon Hector !

PYRRHUS

Parlez ! qu'en ont-ils fait ?

LE MESSAGER

Ah ! je frémis encor
Du spectacle qui vient d'épouvanter mon âme !
Du sommet élevé de la tour de Pergame
Ils l'ont précipité !

(Andromaque pousse un grand cri de douleur
et tombe évanouie dans les bras de Pyrrhus.)

PYRRHUS

Que ne l'ai-je suivi !
A ses persécuteurs mon bras l'aurait ravi.

SCÈNE VIII

LES MÊMES, HÉCUBE, CASSANDRE, CHŒUR
DE TROYENNES

LE CHŒUR

D'où proviennent ces cris de douleur, de détresse ?

PYRRHUS

On a tué son fils !

LE CHŒUR

Malheureuse princesse !

PYRRHUS

Les Grecs l'ont fait périr, le crime est consommé.

Veillez sur sa douleur. De ce fils bien-aimé

Les restes, confiés par mes soins en main sûre,

Ne seront pas du moins privés de sépulture.

Je vais, je cours remplir ce funèbre devoir.

Veillez sur sa douleur et sur son désespoir.

(Il sort. On emmène Andromaque.)

SCÈNE IX

LES MÊMES, MOINS PYRRHUS ET ANDROMAQUE

HÉCUBE

O douleur! ô douleur! Le destin implacable
Des coups les plus cruels nous frappe et nous accable.
Il ne reste plus rien de la race d'Hector!

(Elle cherche Polyxène.)

Et ma fille, ma fille?

LE MESSAGER

On l'entraîne à la mort!

(Hécube se jette, accablée de douleur,
dans les bras de Cassandre.)

SCÈNE X

LES MÊMES, UN SECOND MESSAGER

LE SECOND MESSAGER

Hécube est-elle ici? Conduisez-moi vers elle;
Je suis le messager d'une grande nouvelle.

LE CHŒUR (le repoussant)

Vous n'empêcherez pas ses larmes de couler.

LE MESSAGER

Il s'agit de sa fille.

HÉCUBE

Oh ! laissez-le parler.

LE MESSAGER

Auprès de vous, Hécube, et des femmes de Troie,

A pas précipités, Agamemnon m'envoie.

Je suis un messager de joie et de bonheur,

Et je vais d'un seul mot tarir votre douleur :

Polyxène est sauvée !

HÉCUBE

                    Oh ! que dit-il ? sauvée ?

De cette horrible mort qui donc l'a préservée ?

Quel est le bras vengeur, quel est le dieu puissant

Qui l'a ravie aux Grecs altérés de son sang ?

Gardez-vous, gardez-vous de tromper une mère

Dont le cœur est brisé.

LE MESSAGER

                    Ma parole est sincère.

Vous allez la revoir, on la ramène ici.

Mais de ce grand prodige écoutez le récit.

— La nuit, la froide nuit couvrait d'une ombre épaisse

Le rivage de Troie et le camp de la Grèce.

Cependant, dans la ville et sous ses vieux remparts,

On voyait accourir déjà de toutes parts,

De farouches guerriers, dont l'âme impatiente

Aspirait au trépas d'une vierge innocente.

A l'entour de l'autel, qu'on venait de dresser,

Dans la plaine, en tumulte, ils courent se placer;

Car ils n'attendent plus, pour assouvir leur haine,

Qu'Ulysse qui bientôt va livrer Polyxène,

Et la clarté du jour, qui de la sœur d'Hector

Doit, hélas ! éclairer le supplice et la mort.

Mais, bien avant l'instant, où des feux de l'aurore

Pour nous, chaque matin, l'orient se colore,

Au milieu des guerriers, dans l'ombre, lentement,

Nous voyons arriver, sous leur blanc vêtement,

Les pontifes sacrés préposés au supplice.

Les prêtres devançaient l'heure du sacrifice,

La victime manquait à l'autel. — D'un accent

Qui nous paraît surtout terrible et menaçant,

Calchas prend la parole : « O guerriers de la Grèce,

Dit-il, vous réclamez la mort d'une princesse

Illustre par sa grâce et par sa pureté.

J'ai consulté les dieux, ils m'ont épouvanté.

Des présages divers, troublant ma conscience,

M'ont crié, mille fois : Épargnez l'innocence !

Dans un sang précieux ne trempez pas vos mains !

Les dieux ne veulent pas de meurtres inhumains ;

Redoutez, redoutez leur fureur vengeresse. »

Il cesse de parler, et les fils de la Grèce

S'étonnent de sentir dans leur cœur, oppressé

Par le poids de la haine, et de terreur glacé,

Pénétrer tout à coup un rayon de clémence.

L'amour et la pitié remplacent la vengeance ;

On se sent de nouveau protégé par les dieux.

Et, comme pour le bien prouver à tous, les cieux

Resplendissent soudain d'éclat et de lumière,

Et le jour apparaît.

> (Cris au dehors. Polyxène entre et se
> précipite dans les bras d'Hécube.)

HÉCUBE

O ma fille !

POLYXÈNE

Ma mère !

FIN

www.ingramcontent.com/pod-product-compliance
Lightning Source LLC
LaVergne TN
LVHW021855170726
843503LV00003B/1241